AF278524

LA RÉPUBLIQUE

SOUS

LES FORMES DE LA MONARCHIE.

IMPRIMERIE DE PIHAN DELAFOREST (MORINVAL),
RUE DES BONS ENFANS, N° 34

LA RÉPUBLIQUE

SOUS

LES FORMES DE LA MONARCHIE,

OU

NOUVEAUX ÉLÉMENS

DE

LA LIBERTÉ POLITIQUE,

SOMMAIREMENT EXPOSÉS

SUIVANT LA MÉTHODE DES GÉOMÈTRES

Ne desperandum vero duce et auspice vero

PARIS.

DELAUNAY, LIBRAIRE, PALAIS ROYAL,

PERISTYLE VALOIS

1832.

LA RÉPUBLIQUE

sous

LES FORMES DE LA MONARCHIE.

I

Un peuple est libre, lorsqu'il est constitué de telle sorte qu'il a toujours le moyen de se préser ver ou de se délivrer de la tyrannie Il peut bien lui arriver sans cela d'être heureux . on l'est jus que dans l'esclavage, avec un maître juste et bon Mais il n'est point libre, et, sans la liberté, le bonheur n'est pour lui qu'un état précaire, un accident passager aujourd'hui au comble de la félicite, demain au comble de l'infortune

II

La liberté d'un peuple a pour soutien sa puis sance , et ne saurait en avoir d'autre

Et les institutions? va t on dire On convient de toute leur importance et de leur absolue né cessité Mais quelles seront ces institutions? car

si elles se bornent a une distribution de préroga
tives, et si elles n'ont point pour but et pour ef
fet certain d'animer, et en même temps de mode
rer et de régler l'action de la puissance du peuple,
ou, en d'autres termes, si la puissance du peuple
n'est pas au fond de ces institutions, les prerogatives qu'elles auront distribuées ne seront pas
moins vaines que les droits consacrés par la na
ture On retient les bons par les lois, mais les
mechans, au nombre et en tête desquels sont
les tyrans, on ne les retient que par la force
Et c'est par cette raison, que, pour assurer la li
berté des individus, on ne se contente point de
faire des lois, on etablit de plus une force publi
que dont la superiorité la défend contre celle des
malfaiteurs.

Il n'en est pas autrement de la liberté des peu
ples, et elle demeurera sans garantie, s'il n'y a
pas, soit dans les institutions, soit hors d'elles,
une puissance toute prête et suffisante pour la
proteger

Or, quelle peut être cette puissance ? Certes
ce ne sera pas celle du gouvernement, de qui
seul peut venir la tyrannie qu'on redoute, ce ne
sera pas non plus celle d'un parti, ordinaire
ment trop faible contre le gouvernement, et qui
d'ailleurs exposerait l'Etat à la guerre civile, le

plus grand de tous les maux ce ne peut donc
être que celle du peuple

III.

Ne confondons point la puissance du peuple
avec ces puissances partielles qui se forment sou
vent dans le sein des nations, et qu'on y distin
gue facilement à leur agitation ardente Celle du
peuple, ou de l'universalité des citoyens, ne s'a
perçoit point de même, parce que, habituellement
endormie et sans action, elle ne se réveille qu'ex
traordinairement, de loin en loin, pour tout
renverser et tout détruire Dans cet état, tour à
tour insouciante ou frénétique, après avoir en-
duré la tyrannie des siècles entiers avec une pa
tience stupide, elle n'y remedie enfin que par un
mal cent fois plus grand, et tient ainsi les desti
nees de la société continuellement suspendues
entre l'anarchie et le despotisme

Pour que la puissance du peuple devienne
l'appui de sa liberté, il faut absolument qu'elle
se dépouille de ces funestes habitudes, qu'elle
sorte de sa léthargie, et que son action, non in
terrompue, douce avec les gouvernemens mo
dérés, imposante et ferme avec un gouverne
ment tyrannique, s'exerce toujours, même dans
ce dernier cas, d'une manière paisible et régu

lière Cela est il possible? c'est ce que nous verrons dans un instant

IV.

Il n'y a qu'un moyen de tirer un peuple de sa
lethargie et de lui rendre toute sa puissance
c'est de le ramener à l'unité d'opinion et de vo
lonté

Un peuple ainsi uni, s'il a en même temps un
chef dont il reconnaisse l'autorité et qui le di
rige, en devient redoutable a tel point qu'il n'a
pas même besoin de recourir à sa force Qui ose
rait, en effet lui résister? Qu'il se montre seule
ment, et tout va plier aussitôt sous sa volonté
suprême

Mais si cette unité d'opinion et de volonté
n'existe point, tantôt chacun, incertain de l'ap
pui des autres, se tient tranquille et se résigne à
son sort, tantôt l'Etat se divise en factions, qui
le troublent et le déchirent, et, dans un de ces
cas comme dans l'autre, la puissance du peuple
est comme si elle n'était pas

V

Maintenant, qui inspirera au peuple cette
unité si nécessaire d'opinion et de volonté? Sont
ce les ecrivains et les journalistes? Mais ils ne

sont pas d'accord entre eux , sans compter que rien ne répond de la légitimite du but qu'ils se proposent Loin donc que l'unite dont il s'agit doive être leur ouvrage, on n'en peut attendre que l'anarchie des opinions , et , par suite, celle des volontés, qui mène tout droit a l'anarchie so ciale

Ce n'est pas qu'ils ne contribuent puissamment, par leurs discussions, au triomphe de la verité Mais c'est de la même manière que , dans les tri bunaux, les avocats contribuent au triomphe du bon droit ce sont des plaideurs a qui il faut un jugement, et le peuple est trop ignorant pour pouvoir leur servir de juge

VI

Au point de complication où les besoins et les intérêts sociaux sont aujourd'hui parvenus, un peuple ne peut avoir, en fait de legislation et de gouvernement, que des opinions d'emprunt c'est un point de toute évidence

Or, si, dans d'autres matières, il a quelque fois reçu son opinion de l'ascendant des classes éclairees, sans distinction, ici, où il s'agit de ses plus chers interêts, il ne la recevra que de la confiance que lui inspirerait un corps nombreux composé d'hommes instruits et dévoués en même temps, qu'il croirait incapables également et de le tromper et de se tromper eux mêmes

Et il n'aura jamais en ce corps cette pleine confiance, s'il n'en a pas elu immédiatement tous les membres avec une liberte entière, et s'il ne peut pas les revoquer de même, dès qu'il le vou dia.

D'ou il suit que les lois doivent avoir tout dis pose pour l'exercice de cette double faculte, de manière a en bannir toute entrave, toute fraude et toute influence étrangère au corps electoral

Il importe beaucoup aussi, dans nos mœurs, qu'elles aient rendu facile aux électeurs, autant que possible, l'accomplissement de leurs devoirs 1º en multipliant assez les assemblees electorales pour que des points les plus eloignés on puisse s'y rendre dans le moins de temps possible, 2º en ne demandant à chacune qu'un depute, 3º en supprimant les élections periodiques, et statuant que chaque election est faite pour un temps indéfini, jusqu'à démission, revocation ou dé ès, généralement, enfin, jusqu'à ce que l'élu ne puisse ou ne veuille plus continuer l'exercice de ses fonctions

On nommera ce corps *Conseil national*

VII

Il est évident qu'avec ce Conseil, si l'on n'a

pas toujours l'unanimité dans le peuple, puisque la divergence des esprits ne permet pas de l'espérer toujours dans le Conseil lui même, on aura du moins une majorité non seulement proportionnelle à celle du Conseil, mais bien plus grande encore par l'autorité de la chose jugée, surtout quand le juge possède a un si haut degré la confiance publique d'où resulte une force morale décisive pour le gouvernement, si cette majorité lui est favorable, comme aussi le frein le plus efficace de tous pour le contenir, si elle lui etait contraire

Quand bien même le partage des opinions dans le peuple serait a peu près egal, d'un côté l'ordre n'en souffrirait point, parce que la puissance du gouvernement emporterait aisément la balance, et de l'autre, comme un tel partage ne pourrait avoir lieu que dans des affaires de peu d'importance, l'inconvenient pour l'intérêt public, si même il y en avait, serait presque nul

Que si le Conseil est unanime ou presque unanime, le peuple le sera aussi infailliblement, ce qui doit porter au plus haut degre tantôt la puissance morale du gouvernement, tantôt l'énergie de la résistance nationale

Il resulte encore de cette combinaison un autre effet très remarquable, et dont les suites, soit pour l'interêt de l'ordre et de la tranquillite, soit

pour les progrès de l'amélioration sociale, s'é
tendent à perte de vue C'est que l'opinion par-
ticulière des ecrivains ou ira se briser, si elle
est fausse, contre celle du Conseil, devenue l'o
pinion générale, ou, si elle est vraie, bientôt
adoptée par le Conseil, elle passera par lui dans
l'opinion genérale   en sorte que la liberté de la
presse ayant perdu tout à coup les graves incon
véniens qui la faisaient craindre, n'aura plus que
les avantages immenses qui la font justement
désirer Bien entendu que, sous le rapport ci
vil, elle ne cessera point d'être responsable des
atteintes à la reputation des citoyens il ne s'agit
ici que de ses rapports politiques

VIII

Toutefois le but serait encore manque, si la
discorde pouvait se mettre dans le Conseil Car
infailliblement elle passerait de là dans le peuple,
les ecrivains l'attiseraient sans cesse par leurs
pamphlets et par leurs journaux, tout se rempli
rait de partis, de factions, et, dans cette anar
chie d'opinions et de volontés, on chercherait
vainement desormais la veritable opinion pu
blique, et la puissance du peuple par consé
quent

IX

Pour fermer l'entrée du Conseil a la discorde, il faut empêcher les factions d'y pénétrer, et il n'y a pour cela qu'un moyen c'est de lui refuser le droit de vote, et de ne lui laisser que celui d'o pinion et de conseil

Si quelque lecteur se revoltait à cette proposi tion , il est prié de se souvenir qu'on suit ici la méthode des géomètres, la plus sûre et la plus simple de toutes pour arriver a la connaissance de la vérite, et qui n'a ni ressource pour la mau vaise foi, ni piége pour les passions genereuses En la suivant , le point de départ une fois con venu, on n'a jamais qu'une chose a faire , qui est de se bien assurer si la proposition qu'on a sous les yeux est renfermee dans les precedentes Si elle l'est en effet , il faut l'admettre ou déclarer qu'on ne veut point de cette méthode

Le droit de vote est il propre a mettre la dis corde dans le Conseil ? Voila , pour le moment , toute la question , c'est ce qu'il s'agit d'examiner de sang froid, sans se laisser mener par d'aveu gles préjuges ou par une vaine répugnance. Que si l'affirmative n'est point douteuse, de quoi vous plaindriez-vous ? N'avons nous pas pris pour point de depart un principe incontestable ? Cha cune des propositions que nous en avons déduites jusqu'ici ne l'est-elle pas également? Nous sommes donc toujours sur le chemin de la vérité, et si nous ne nous en écartons jamais, il est impossible qu'elle nous échappe

Au reste, nous ne voyons encore qu'un coin du tableau, et pour pouvoir le juger en connaissance de cause, il faut attendre que toutes les parties en aient successivement passé sous nos yeux, et qu'il puisse s'offrir à nous dans son ensemble

Les factions s'adressent naturellement et s'adresseront toujours à des corps qui participent a la puissance legislative, parce que chaque vote qu'elles y gagnent est un pas bien positif vers le but qu'elles se proposent. Mais s'adresseront elles également a un corps purement consultatif? et, pour acheter des discours qui ne leur répondent de rien, iront elles s'epuiser comme elles l'auraient fait pour acheter bien réellement une partie de la puissance politique? On ne peut pas même le supposer

Et remarquez ici qu'en fermant le Conseil aux factions, vous leur fermez l'Etat en même temps, car où porteraient elles maintenant leurs vues, si ce n'est sur le ministère? et que leur servirait d'avoir gagne un ministre, plusieurs, même le ministère entier, s'il leur faut ensuite subir l'e pre ive des discussions du Conseil, qui va, selon

toutes les probabilités, les demasquer et les
éconduire

Les factions ecartées, il reste encore, je l'avoue,
la divergence naturelle des esprits Mais ce qui
la rend si orageuse dans les assemblées délibé
rantes, ce sont les factions et les ambitions, qui
s'y agitent avec d'autant plus de violence qu'elles
se sentent, dans le droit de vote, le malheureux
pouvoir de l'emporter Otez cette circonstance
funeste, aliment des passions et qui produit tant
de scandaleuses scènes, et il ne restera que des
convictions bien ou mal fondées, jointes a l'ai
guillon de l'amour propre source de discussions
animées, sans doute, mais toujours décentes et
toujours utiles

X

Les fonctions du Conseil national sont
1°. De discuter les projets de loi du gouverne
ment. S'il les trouve bons, il le déclare avec la
formule suivante *Le Conseil approuve* Dans
le cas contraire, sa déclaration empreinte de respect et de retenue se reduit a ceci *Le Conseil
obéit* Toute autre formule serait inconvenante
et d'un exemple dangereux Pour constater son
opinion, le Conseil procède, soit par assis et levé,
soit par appel nominal, mais à haute voix, et ces
appels sont rendus publics par l'impression,

afin que le peuple sache comment ses députés opinent L'appel nominal doit avoir lieu sur 1 en semble de chaque projet de loi , et toutes les fois qu'il est reclamé par un nombre de membres suf fisant, comme vingt, par exemple

La discussion et la declaration du Conseil sont nécessaires pour donner aux projets du gouver-nement le caractère et la force de loi

2° De faire , au besoin , de respectueuses re montrances Mais, pour garantir autant que possible la légitimité, l'opportunité et l'influence de cet acte, tant sur le peuple que sur le gouver nement , il conviendrait qu'il ne pût être résolu qu'aux deux tiers au moins des voix du Conseil entier et complet

3° De présenter au gouvernement des vues d'utilité générale quelconques

4° De recevoir et verifier , tous les ans , les comptes rendus par les ministres de l'emploi des fonds qui leur ont été alloués l'année précé dente

Sur quoi j'observe que la liste civile doit être fixée au commencement de chaque règne , pour toute sa durée , par une loi rendue dans la forme ordinaire et absolument à part, avec declaration expresse par le Monarque que les ministres sont responsables de l'emploi de l'excedant du revenu public, dont ils rendront compte, chaque année, au Conseil national, et que l'impôt doit être fixe tous les ans de la même manière, avec spéciali té d'allocations de crédit à chaque ministre pour son département

5° D'accuser les ministres pour les trois faits de trahison, de concussion et de violation de la loi fondamentale

L'acte d'accusation, délibéré aux deux tiers des voix des membres présens, est remis entre les mains du Monarque, qui le transmet a la Cour suprême, dont il sera parlé plus loin, laquelle nomme aussitôt l'agent charge de faire les pour suites.

XI

Occupons nous maintenant de l'influence de ce Conseil sur la marche de la législation et du gouvernement

Ses membres, placés entre les faveurs du pou voir qu'ils ambitionnent, et les regards du peuple qui peut les revoquer avant même qu'ils les aient obtenues, sont mis, par cette position impe rieuse, dans l'heureuse nécessité de les concilier Ils doivent donc conseiller au premier la modé ration, et au second la soumission et l'obeissance Harmonie precieuse, necessaire, sans laquelle il n'y a ni bonheur pour le peuple ni sécurite pour le pouvoir.

XII

Roi de l'opinion, par la confiance illimitée dont il jouit, ainsi que par sa modération et par sa sagesse, le Conseil national exerce une telle influence, qu'il est impossible que le gouvernement n'attache pas le plus grand prix à son approbation. Or, il l'obtiendra sans peine s'il entre franchement dans la voie du bien public, mais, sans cela, il ne l'obtiendra jamais: toutes les tentatives de corruption seraient impuissantes. Comment, en effet, la majorité du Conseil voudrait-elle risquer de se voir, pour une infamie sans fruit, précipitée du poste qu'elle occupe et déchue à jamais de l'estime de ses concitoyens? Et comment le pouvoir, de son côté, se déciderait-il à ces machinations honteuses, avec la perspective de les voir au premier jour frappées d'impuissance par la révocation des hommes corrompus?

D'ailleurs il est bien plus facile de faire plier un vote qu'une opinion, et la raison en est fort simple: c'est que plus le vote est nécessaire au gouvernement, plus les hommes modérés et sans esprit de parti ont de peine à le lui refuser, lors même que leur opinion y est contraire. Ils commenceront sans doute par faire tous leurs efforts pour obtenir des amendemens, mais si le gouvernement s'obstine et qu'ils ne puissent pas en triompher, ils aimeront mieux céder, à moins que le projet ne fût detestable, que de laisser le gouvernement dans l'embarras Auraient ils eté arrêtés par ce scrupule, s'ils n'avaient eu que leur opinion à refuser ?

Ainsi tout concourt à assurer l'indépendance du Conseil le corrompre serait aussi superflu qu'impossible, et l'influence des faveurs sur la majorite n'est supposable que dans des questions d'un intérêt si mince que l'obstination y est aussi peu à craindre d'un côte que de l'autre, ou dans des questions tellement problématiques qu'on y peut également soutenir le pour et le contre, et que, en definitive, il n'est rien moins que sûr ni que la majorité ait raison ni que la minorité ait tort Mais un inconvénient aussi leger ne mé rite aucune attention, et ce n'est point assuré ment de quoi faire pencher la balance

XIII

Le grand avantage du système qu'on expose ici est de tenir le gouvernement sans cesse en pré sence de l'opinion et non pas de celle qu'on nomme trop souvent ainsi par le plus grossier des abus, je veux dire celle d'un parti, d'une cote rie, de journalistes qui se pretendent, sans mis sion, les organes du vœu general, ou encore celle de quelques pétitionnaires qui se succèdent comme un feu roulant, font un grand bruit, et ne sont pas, la plupart du temps, la centième partie du peuple, mais en présence de l'opinion emise par son organe legal et investi de la con fiance universelle, ou, en d'autres termes, en presence de l'opinion véritablement publique et la seule digne de ce nom

C'est par cette opinion publique que la puis sance du peuple est mise en action et s'exerce con tinuellement d'une manière efficace, autant que paisible et regulière car, si le gouvernement est modéré, il ne peut manquer d'avoir egard à une opinion de cette nature, et s'il ne l'etait pas, il craindrait, au moins le plus souvent, de la heurter, en voyant derrière elle la force irresis tible du nombre que le mecontentement peut faire sortir de son repos

Certes, c'est deja beaucoup, c'en serait même assez pour les temps ordinaires, mais il est des conjonctures critiques, très rares a la vérité, mais toutefois possibles, où cela ne suffirait pas, et d'ailleurs, après avoir pourvu à la bonte des institutions, il est essentiel de s'occuper de leur maintien et de les mettre a l'abri des passions sous une garantie solide

XIV

L'instabilité des institutions vient toujours ou des mœurs du peuple qui ne sympathisent point avec elles, ou des passions du gouvernement qu'elles contrarient et qui travaillent à s'en affran chir, ou du defaut soit de zèle, soit de courage, soit de force dans le pouvoir charge de les defen dre Parlons d'abord des mœurs

XV

S'il y a quelque chose d'incontestable et de bien prononce dans les mœurs de la civilisation actuelle, c'est, sans contredit, cette soif d'amé lioration qui s'est emparee de la plupart des peuples en Europe soif utile, 'il est vrai, mais immodérée, qui les precipite en aveugles dans des systèmes qui ne leur conviennent point, qui n'ont point pour eux la sanction de l'expérience, du moins dans les situations auxquelles on pré tend les appliquer, et dont les essais, jusqu'à ce jour, n'ont pas été à leur avantage On en parle ra a la fin de cet ecrit

Que si les peuples tiennent ou semblent tenir à ces systèmes, malgre les graves inconvéniens qu'ils en eprouvent, malgré les devoirs onéreux qu'ils leur imposent, et que partout un bon nombre de citoyens néglige, ce qui n'est pas un petit mal, comment pourraient ils être indif férens pour celui qui leur procurerait de bien plus solides avantages (1), et qui leur coûterait si peu ? car les élections, seule part qu'ils puissent avoir aux affaires, y sont courtes, rares et n'en traînent presque ni dépense ni déplacement, et avec quel zèle ne s'y porterait on pas, quand on saurait que ce deputé, qu'on envoie au Conseil national, n'y restera plus, malgré ses commet tans, des six ou sept annces entières, et que, s'il ne répondait pas a leur confiance, ils seront les maîtres de le revoquer sur le champ, comme aussi, s'il y repond, ils ne seront pas obliges de le soumettre aux chances d'une élection nouvelle ? Mais a quoi bon insister davantage sur un point aussi clair ? La sympathie des mœurs avec l'insti tution étant donc hors de doute, venons aux passions du gouvernement.

XVI.

Mais quel intérêt aurait il donc à renverser une institution de cette nature ? Quoi ! un Con seil qui ne s'écarte jamais de la soumission, du respect, et donne à la nation le constant exem

(1) C'est ce qu on verra plus loin, dans l'expose des resultats generaux de ce systeme compare avec ceux de l ancienne et de la nouvelle politique

ple de l'obéissance ! Un Conseil qui n'est jamais en lutte contre son autorité, le laisse entièrement le maître de décider et d'agir , et se contente de l'environner de lumières pour éclairer ses deci sions et sa conduite ! Un Conseil dont la popula rité lui aplanit tous les obstacles, et par lequel il lui est si facile de régner jusque sur les esprits et sur les cœurs un Conseil de cette espèce, il pour rait le hair ! il pourrait en méditer l'abolit on ! ce serait un s gne inéquivoque de démence et par conséquent un phenomène tout à fait ex traordinaire

Mais il faut tout prévoir , même les cas les plus invraisemblables, et tout disposer d'avance , de manière que le triomphe de l'institution soit assuie C'est ici le cas de parler du pouvoir char ge de la défendre

XVII.

Point de doute que le simple bruit d'un projet aussi tyrannique et qui ne comporte aucune ex cuse (à combien plus forte raison encore toute tentat've d exécution !) ne causât rapidement une fermentation generale Mais que peut une multitude confuse et sans chef contre la force ré gulière d'un gouvernement ? et dût elle rempor ter la victoire , quelle effroyable calamité que le débordement d'un peuple furieux et sans frein !

C'est pourquoi il est à propos, d'abord, que la population ait été organisée de longue main en garde nationale, et que tous aient prêté serment de défendre l'institution et d'obéir a leurs officiers lorsqu'ils en seront requis Il n'est point neces saire que cette garde soit astreinte a aucun service habituel, il y aurait même de l'inconvenient a l'exiger d'elle, parce que cela ne s'accorde ni avec nos habitudes ni avec nos besoins il suffit qu'elle existe et qu'elle connaisse ses officiers, afin que, le cas echeant, elle puisse se rassembler sans confusion et avec assez de promptitude C'est le moyen de tenir en echec les ambitieux et les mal faiteurs, toujours ardens a profiter des troubles politiques

XVIII.

Maintenant, supposons la nation divisee en deux ordres, celui du peuple ou des plebeiens, et celui d'une noblesse nullement exclusive, toujours accessible a qui sait la meriter, et distribuee en un nombre de classes correspondant a peu près aux divers degres de la hierarchie des fonctions publiques en sorte que les plus hautes dignités fussent exclusivement devolues a la première classe, et ainsi de suite, en descendant, jusqu'aux derniers emplois de quelque distinction, d'une noblesse primitivement personnelle, mais en

même temps, au moyen de quelque condition
facile à remplir et utile a l'Etat, se transmettant
en ligne directe, et trouvant dans la liberté de s'al
lier a de riches familles plébeiennes, le double
avantage d'être populaire et de pouvoir se rele
ver des disgrâces du sort, du reste, vivant sous
le droit commun et n'ayant aucun autre privi
lége

XIX

Supposons ensuite un corps nombreux, com
posé des plus hautes notabilités de la nation, soit
par l'eclat du rang, soit par l'illustration des
services, soit par de grandes propriétes, dont les
membres nommés par le Monarque, avec ou
sans heredite, seraient toujours inamovibles ce
corps etabli gardien des institutions, dépositaire
des lois, charge de leur enregistrement, et par
conséquent autorisé a refuser cette formalite, s'il
arrivait qu'elles eussent ete faites sans la partici
pation du Conseil national, maître absolu de ses
statuts interieurs, juge criminel de ses propres
membres, des ministres et autres agens superieurs
de l'autorite, des attentats a la sûrete de l'etat,
à celle du Roi, et connaissant en dernier ressort
de toutes les accusations de forfaiture et d'incapa
cite Supposons enfin ce corps, qui serait nommé
Cour supreme, investi d'une preogative plus

haute encore , celle de vérifier l'aliénation men
tale du prince régnant et de proclamer alors le re
gent du royaume , qui doit être , dans tous les
cas , l'héritier présomptif de la couronne , s'il
est majeur , et , dans le cas de minorité , le pre
mier prince du sang La loi fondamentale devrait
avoir statué , pour ce cas , qu'à compter de la dé
claration d'aliénation mentale jusqu'a l'installa
tion du régent , toute l'autorité politique passe
momentanement à la Cour suprême , pour cette
installation exclusivement , que toute résistance
a ses ordres est un crime de haute trahison , et
que le cas de tyrannie est compris dans celui d'a
liénation mentale.

XX

Examinons maintenant ce qui doit résulter
pour la liberté politique de l'ensemble de ces
institutions

Le premier avantage qu'il offre , et celui là
est déja très grand , c'est qu'il n'y a pas lieu de
se tromper sur le cas de tyrannie , et que , par
conséquent , les caprices populaires seront faciles
a distinguer , si toutefois même ils sont a crain
dre En effet , le signe de la tyrannie est evident
dans l'opposition du Conseil national , et , de
plus , il est infaillible car il ne s'agit point ici
d'une de ces oppositions passagères qui peuvent

survenir avec le gouvernement le plus modeié
par la seule divergence des esprits, et qui même,
quand on vient a compter les voix, se reduisent
à l'opposition d'un bien petit nombre. Loin d'ê
tie un inconvénient, celles-la ont leur avantage,
en ce qu'elles prouvent l'indépendance du Con
seil, il s'agit uniquement ici d'une opposition
habituelle ou unanime

Or, un mécontentement universel serait l'in
faillible effet d'une opposition de cette nature
nobles et plébéiens, tous l'eprouveraient egale
ment, parce que aucune antipathie, aucun in
terêt ne les divise Et comment l'armée elle-
même ne partagerait elle pas, aujourd'hui sur
tout, un sentiment aussi general ? elle que trop
souvent des partis ont pu seduire et entraîner à
la revolte, comment n'en suivrait elle pas un
qui est évidemment celui de la nation entière, et
dans lequel cha que soldat voit a la fois et tout ce
qu'il respecte et tout ce qu'il cherit?

Alors, comme on sait que la Cour suprême est
investie, par la loi fondamentale, de l'autorité
necessaire en pareil cas, il est naturel que tous
les yeux se tournent aussitôt vers elle on invoque
de toutes parts son intervention, les gardes na
tionales, debout dans toute l'etendue du royaume,
lui offrent leur puissant appui, et si l'armee,
quoique desaffectionnee, hesite encore, retenue

par le lien du serment, la Cour suprême, pressée par le vœu public et par l'urgence des conjonc tures, se hâte de l'en delivrer, en declarant que le cas prévu par la loi est arrive, proclamant la regence, et enjoignant a toutes les autorités ci viles et militaires de prêter au regent le serment accoutume

Que pourrait le tyran contre un si terrible orage? Abandonné du peuple, de l'armée, des lois, ou trouverait il un homme assez perdu de sens pour chercher à le défendre, et porter ensuite sa tête sur l'echafaud comme coupable de haute trahison? Il serait reduit a sa nullite individuelle, et il n'y a pas jusqu'a sa famille qui ne s'empres sât de se reunir à la Cour suprême pour sortir de la rise plus promptement.

XXI.

Mais s'il ne peut pas resister a l'orage, dira t on, ne pourra t il pas le prevenir en detrui sant la Cour suprême ou en enchaînant sa liberté par la violence? Cela est bien aise a dire, mais non pas a exécuter, surtout dans le temps où nous sommes Un pareil acte de tyrannie, pré curseur évident de tous les autres, souleverait à l'instant la nation entière, la famille royale ainsi que tous les princes du sang seraient les premiers

à s'y opposer c'est un cas absolument invraisem-
blable

Rien n'empêcherait, au reste, de le prévoir
dans la loi fondamentale, en statuant que si la
Cour suprême est attaquée, soit dans son exis
tence, soit dans sa liberté, soit dans ses prero
gatives, il y a tyrannie, que ceux de ses mem
bres qui auront échappé à la persécution ont le
droit de se reunir sur le point du royaume ou ils
le pourront, d'y proclamer le régent, et que l'o
beissance leur est due, comme si le corps entier
était rassemble dans le lieu ordinaire de ses séances.

XXII

On demandera peut être aussi s'il n'est pas à
craindre que la Cour suprême n'abuse un jour de
son pouvoir On répond à cela que sa mission est
strictement bornee à proclamer le regent, a l'ins
taller, et par une conséquence nécessaire,
employer les moyens d'y parvenir, l'obeissancé
ne lui est due qu'en cela seul, et cela fait, son
pouvoir expire

Sa puissance expire en même temps Ce n'e
tait, en effet, qu'une puissance momentanée creée
par le mecontentement public Portant toute sur
ce mecontentement, elle est tombée avec lui, et
ne saurait se relever qu'avec le retour des mêmes
conjonctures Or, ce retour ne depend point de

la Cour suprême, mais uniquement du défaut d'harmonie entre le Conseil et le gouvernement Tant que cette harmonie, sur laquelle elle ne peut rien, se maintiendra, le gouvernement, qui dispose par elle de la nation entière comme d'un seul homme, est au dessus des atteintes de quelque puissance que ce soit

XXIII

Le système qu'on vient d'exposer est la solu tion, si long temps et si vainement poursuivie, du grand problème de la politique, savoir, l ac cord du pouvoir et de la liberté solution egale ment simple, entière et sûre, parce qu'elle s'ob tient en les satisfaisant tous les deux en même temps

Que pourrait désirer de plus, en effet, un monarque qui veut le bien ? Environné de tant de lumières, qui ne sont faussées ni par l'esprit servile, ni par l'esprit frondeur, ni par l'intérêt particulier soit des factions soit des individus, ni par les orgueilleuses chimères de l'independance, quelle erreur ou quel piége aurait il à redouter ? Avec sa prerogative sans limites et ce levier puis sant d'opinion que le Conseil met dans sa main, quels obstacles peut il rencontrer qui ne s'apla nissent devant lui, et quels écarts de la liberte qu'il ne reprime ? Il est vrai que s'il voulait le

mal, il éprouverait de sérieuses résistances Mais
de quel droit s'en plaindrait il, lorsque, d'ailleurs,
elles sont toujours régulières, et que, même a leur
plus haut degré, elles ne mettent jamais en peril
ni l'ordre public ni la dynastie legitime ?

Un peuple, a son tour, que désirerait il en
core ? Dans quel autre système exercerait il sur
les affaires publiques une influence aussi grande
que celle que l'élection immediate et la faculte de
revocation lui assurent ? Avec cet empire de l'o
pinion dont le Conseil national le fait jouir, a
quelles ameliorations lui est il interdit de preten
die, et quelle injure a t il à redouter ? Quel frein
serait aussi puissant que celui là pour contenir
la tyrannie, qui, lorsqu'elle cède, ne le fait que
par un sentiment de crainte, et jamais par res
pect pour des lois et des prerogatives dont elle se
joue ? Que si, par extraordinaire, ce frein etait
insuffisant, le peuple n'a t il pas dans sa propre
force tout organisee, appuyée de l'autorite des
lois, et dirigée par le premier corps de l'Etat, le
gage le plus sûr de sa prochaine délivrance

Si ce système n'est pas absolument infaillible
dans ses résultats, c'est qu'aucun au monde ne
peut l'être, c'est qu'il n'y a point de calcul de la
prudence humaine, quelque habile qu'on le sup
pose, qui ne puisse être dejoue par l'evénement
Les questions de liberte sociale ou de *fait* sont

essentiellement des questions de probabilité, et ce serait la marque certaine d'un travers d'esprit ou d'une ignorance profonde, si l'on prétendait ici à quelque chose de plus qu'à rendre éminemment probable l'accord du pouvoir et de la liberté. Mais où pourrait il l'être autant que dans un ordre de choses, où le pouvoir étant assez fort pour contenir la liberté, et la liberté pour contenir le pouvoir, chacun d'eux serait satisfait dans ce que son ambition a de légitime.

Sous les formes de la monarchie absolue, c'est réellement la république, et la république avec tous ses avantages, sans aucun de ses inconvéniens; disons mieux encore, c'est la seule digne de ce nom, c'est la seule véritable république.

XXIV.

Ces systèmes de division du pouvoir souverain, qu'on nomme *représentatifs*, ne satisfont ni le pouvoir ni la liberté. Ils humilient le premier par les limitations qu'ils lui imposent, ils lui préparent des obstacles jusque dans le bien qu'il aurait en vue. Ils dépouillent le peuple, en grande partie, de sa légitime influence dans les affaires, en lui rendant les elections, par lesquelles seules il peut l'exercer, non seulement onereuses par leur retour trop fréquent, par leur longueur,

par les déplacemens et la depense qu'elles entraî
nent, mais encore illusoires, soit par l'influence
qu'ils sont obliges d'y donner au gouvernement,
soit par le refus du droit de revocation a vo
lonté, qu'ils ne peuvent admettre, ce qui fait
qu'un bon nombre d'electeurs s'en degoûtent et
les abandonnent à l'intrigue et aux partis

Livrés aux factions, qui s'y jettent inevita
blement, ils désarment le peuple et le gouverne
ment a la fois de leur plus puissante garantie,
qui est dans l'opinion publique, incapable, la
plupart du temps, de s'y faire entendre, et le
mal s'accroît encore par la licence effrénée des
pamphlets et des journaux, quand la liberte des
ecrits n'est pas enchaînée par la censure

Non seulement ces systèmes n'accordent pas le
pouvoir avec la liberté, mais encore ils font, et
à dessein, tout justement le contraire Les ar
mant de prérogatives hostiles, ils les mettent en
presence, les rangent en bataille, pour ainsi
dire, l'un contre l'autre, et la marche des ins
titutions n'est plus qu'une continuelle lutte entre
les deux rivaux Tant que l'equilibre se maintient,
tout finit par des transactions, ou chacun cedant
de son droit, comme il est naturel, il y a neces
sairement lésion de part et d'autre, et si malheu
reusement l'équilibre vient a se rompre, c'est la
liberté qui opprime le pouvoir ou le pouvoir qui

opprime la liberté, et l'on tombe ainsi dans l'anarchie ou dans le despotisme

Tandis que le système consultatif etablit solidement, avec l'unité sociale, une souverainete fixe, reelle, et garantit ainsi le maintien de l'ordre et de la tranquillite, le deliberatif, au contraire, les compromet visiblement, en detruisant cette même unite, et en rejetant la souverainete dans un vague singulièrement favorable aux perturbateurs, ou la réduisant a de pures abstractions non moins ridicules qu'impuissantes car, si quelque chose, dans l'ordre social, doit être une réalite et non une abstiaction, c'est sans contredit la souverainete, qui est comme la cle de la voûte

Et s'il survient un tyran, où est l'autorité chargee de declarer le cas et d'y appliquer le remède? Chose singulière les partisans du système representatif n'y ont pas même songe, aucune de leurs constitutions n'en parle, aucun des pouvoirs qu'elles etablissent ne trouve cette prerogative dans ses attributions

Mais, pour mettre dans tout son jour et sous le point de vue le plus precis ce defaut capital des systèmes dont il s'agit, voyons a qui appartient le droit de déposer le tyran, et quelles sont les conditions necessaires a la legitimité de son exercice deux points essentiels et qu'on ne trouve nulle part bien éclaircis

Après l'interêt public , premier et veritable souverain des societes humaines , puisque le le gislateur lui même lui obeit , mais qui , purement idéal , ne suffit point au maintien de l'ordre , vient le souverain réel , son representant indis pensable et qui jouit des mêmes droits que lui , tant qu'il le represente avec fidélite Mais il les perd dans le cas contraire , et alors , non seule ment la Providence l'abandonne aux suites natu relles de ses écarts, mais encore, si elle n'approuve point une revolte qui livrerait l'etat à la guerre civile ou a l'anarchie , toujours approuve t elle bien certainement que le tyran soit deposé , sans que l'ordre et la tranquillite publique en reçoivent aucune atteinte la tyrannie et l'insurrection sont deux fleaux que repoussent de concert et l'interêt public et Dieu qui le protege

Or, afin que l'ordre ne soit point viole, il faut que le tyran ne soit déposé que par son superieur naturel , le souverain idéal , realisé d'avance par la loi pour ce cas extraordinaire , et, afin que la tranquillite publique n'en souffre point, il faut que le souverain ideal se presente alors entouré d'une telle force qu'elle ôte jusqu'a la pensée de lui résister

Ce double avantage se trouve dans notre sys

tème Le souverain idéal, supérieur naturel du souverain réel, s'y personnifie, et seulement lors que les circonstances l'exigent, dans la Cour su prême qui le proclame et dans le consentement et la force d'un peuple entier qui le soutient sou verain exceptionnel et momentané, sans doute, mais necessa e en plus d'un cas, et dont l inter vention prevue, etablie et reglee par la loi, en même temps qu'elle reprime l arbitiaire du Mo naique, ne laisse aucune prise a l'arbitraire de ses sujets

Et voila très précisement ce que les systèmes représentatifs ne font point, et ce qu'il est même fort douteux au moins qu'ils puissent faire Ou sont ici en effet, la plupart du temps, et le signe indubitable de la tyrannie, et la certitude du con sentement de la nation entière, et l'autorite con venable, qui, placee hors des passions qu'ex citent les débats politiques, est seule propre a intervenir entre elles et a prononcer le jugement qu doit les calmer ? Que faire, a quoi se résou dre, au milieu de semblables incertitudes? Com ment, alors, eviter la guerre civile, ou le hideux et deplorable denouement de l'insurrection ?

Non, ce système representatif, qu'on a quali fie la plus belle decouverte des temps modeines, ce système tant vante n'est point l'enfant de la sa gesse, mais de cette aversion que les hommes ont naturellement pour le pouvoir, et que l'expérience de la tyrannie avait poussée jusqu'a la haine Ne pouvant le supprimer tout a fait, parce qu'il est trop évidemment nécessaire, elle s'est attachée a le réduire de plus en plus, en limitant ses attri butions (chose dangereuse et pleine de mécomp tes) sans s'apercevoir que la tyrannie vient tou jours de la confiance du pouvoir en sa force, et que lui ôter cette confiance, lorsqu'il a la pensée de mal faire, est le vrai moyen de le contenir, comme aussi c'est par la force seule qu'on le re prime efficacement, et non par d'impuissantes prérogatives

XXV

Le système qu'on vient d'exposer satisfait beau coup mieux aux besoins et aux mœurs des grandes nations civilisées ou l'on n'a généralement ni le loisir ni la volonté de se mêler des affaires pu bliques, ou l'on préfère d'être gouverne, pourvu que ce soit avec justice, avec modération, et ou ce qu'on redoute le plus, après la tyrannie, ce sont les troubles politiques, qui, en arrêtant ou en ralentissant la circulation des capitaux, com promettent la subsistance du peuple De sorte que, lors même qu'on le regarderait comme une utopie, c'est à dire une de ces théories, qui, n'ayant jamais existé que dans le cerveau de leur

auteui , n'ont pu recevoir la sanction de l'expé
rience, toujours devrait on le distinguer de celles
dont l'harmonie avec les besoins et les mœurs est
même tant soit peu douteuse , et que , par cette
raison , à moins de quelque circonstance qui
l'exige , la prudence defend de réaliser Il est ,
a cet égard , d'une nature tellement opposee ,
qu'on pourrait en essayer avec une confiance rai
sonnable   comme on essaie tous les jours d'un
homme qu'on ne connaît pas encore et qui se re-
commande seulement par une bonne reputation
Mais ce n'est point du tout une utopie , comme il
est facile de s'en convaincre

XXVI

Quel fut, en effet, le gouvernement des peuples
de l'Europe, en general, pendant les deux der
niers siècles et au dela ?

On y remarque d'abord des rois absolus, sinon
partout de droit , au moins partout de fait , cai ,
ou il n'y avait plus d'assemblées nationales , ou
elles n'avaient qu'une ombre d'autorité , la no
blesse etait domptee , subjuguee , et si quelques
corps ou compagnies elevaient encore des pré
tentions , elles étaient tout a fait vaines comme
en France celles des parlemens , dont la resis
tance, corrompue par l'interêt des classes privi
legiees , mit trop souvent des entraves au bien

que les rois voulaient faire, et qui d'ailleurs n'a
boutissait ordinairement qu'a des exils, des em
prisonnemens, et enfin des lits de justice ou la
volonte du maître triomphait de out

On y voit ensuite une influence de l'opinion,
devenue très remarquable de très faible qu'elle
avait ete d'abord, quoique dans tous les temps
très reelle Une fois, en effet, que l'instruction,
rendue de jour en jour plus necessaire par le pro
grès des besoins, eut ete remise en honneur, et
que l'invention de l'imprimerie eut acceleré la
communication et la propagation des lumières,
le goût de l'etude se repandit peu a peu jusqu'au
sein de la noblesse, auparavant toute militaire et
qui n'avait que du degoût pour les exercices de
l'esprit Il adoucit par degres, il polit les mœurs
generales, et comme la justice et la vérité sont
dans l'intérêt de tous les hommes, et du pouvoir
comme de la liberté, l'opinion parvenait enfin,
malgre les pretentions contraires et les institu
tions gothiques qui les favorisaient, à remporter
quelquefois la victoire Son influence alla tou
jours en croissant, a mesure que les lumières et
les mœurs faisaient des progrès, et, a l'epoque
de la revolution française, elle était dejà si
grande qu'elle frappait tous les yeux, et même
ceux des hommes les plus irrités contre l'ancien
ordre des choses Temoin Condorcet qui n'a pas

craint de dire, dans son *Esquisse des progrès de l'esprit humain* (1) « On a vu en Europe une
» espece de gouvernement dont ni les siecles
» anterieurs ni les autres parties du monde n'ont
» offert d'exemple, et ou l'autorité, contenue
» par l'opinion, reglée par les lumières, adou
» cie par son propre intéret, a souvent contri
» bue aux progrès de la richesse, de l'industrie,
» de l'instruction, et quelquefois méme à ceux
» de la liberté civile »

Ainsi, le morarque et l'opinion, telles étaient alors les deux forces mouvantes de la machine politique C'etait donc, dans le fond, le même système que celui dont il s'agit Les modifications que ce dernier y apporte, loin d'en changer la nature, ne font que la developper elles le ren dent plus bienfaisant et plus stable

Ici, en effet, tout est en harmonie parfaite, les opinions, les mœurs, les institutions, là, au contraire, les opinions et les mœurs etaient en guerre de jour en jour plus acharnée contre les institutions, tellement, qu'a la fin celles ci n'ont pu echapper a leur ruine

La, le monarque, avec une prérogative mal determinée, se voyait expose a des resistances, sou vent capricieuses autant qu'impuissantes, quoi

(1) Page 23, de la premiere edition

qu'en même temps dangereuses pour l'ordre pu
blic , ici, avec une prérogative parfaitement deter
minee, s'il rencontre quelque résistance, elle n'est
du moins jamais capricieuse , ni impuissante, ni
perturbatrice , sa force croît avec l'importance de
son motif, et, dans ses effets, elle est aussi pai
sible que salutaire

La, manquant d'organe , ou n'en ayant point
de convenable , l'opinion etait trop souvent ou
muette , ou dénaturee , ou sterile , ici , pourvue
d'un organe fidèle et imposant , elle est sûre d'ê
tre toujours entendue , de n'être jamais altérée ,
et de jouir de la plus féconde influence

Loin donc d'être une utopie , ce système n'est
que la reforme et l'amélioration de celui qui a
long temps existe en Europe , et qui y a fait une
grande partie du bien qu'il devait naturellement
produire , mais qui n'en a pu faire qu'une partie,
laquelle même ne fut point sans melange , parce
qu'il était mal organisé , qu'il manquait de bon
nes institutions , et qu'il était , de plus , cor
rompu par de mauvaises

XXVII

Est ce donc l'ancien régime qu'on propose au
jourd'hui de retablir ? Oui et non, tout ensemble
oui , puisqu'on conserve ce qu il avait de bon, en
l'améliorant encore, non , puisqu'on rejette ce

qu'il avait de mauvais, et qu'on en rend même le retour plus que jamais impossible, en as surant l'empire de l'opinion qui l'a proscrit

Ceux qui, dans les institutions sociales, ne trouvent de bon que ce qui est ancien, et ceux qui n'y trouvent de bon que ce qui est nouveau, les routiniers et les novateurs, en un mot, sont dans une grande erreur les uns et les autres Si, d'un côté, le progrès du temps, en changeant les opinions, les mœurs, les situations, amène des besoins nouveaux auxquels il faut des institu tions nouvelles, de l'autre, la nature humaine, qui est toujours et partout la même, a aussi ses besoins immuables comme elle, et auxquels les institutions anciennes ont dû satisfaire plus ou moins, sans quoi nul ordre social n'eût pu se maintenir entre les hommes Ainsi, pour n'en citer qu'un seul, mais le plus impérieux de tous, quels que puissent être les progrès de la civilisa tion, prince et sujets, peuples comme individus, tous auront besoin eternellement d'un frein qui les contienne, et par ce frein, il serait absurde d'entendre un principe, une abstraction, une disposition de la loi, ou de simples prerogatives il faut entendre une puissance reelle, imposante, à laquelle on ne résiste point impunément

Si le peuple n'a pas un frein de cette espèce, on est exposé aux troubles, aux convulsions, à

l'anarchie, et si le prince n'en a pas un égale
ment, on est exposé aux vexations et à l'arbi
traire Heureuse l'époque du genre humain, où
l'etat des choses et des mœurs permet de satis
faire pleinement a cette double exigence ! Et
quelle folie si l'on ne savait pas en profiter

XXVIII

Tel est l'avantage qui distingue le présent sys
tème Mais il ne pourvoit pas seulement a ce be
soin eternel et capital des societés humaines, il
étouffe encore, autant qu'il est possible jusqu'aux
plus faibles germes de desunion et de trouble , en
satisfaisant tout ce qu'il y a de lcgitime ou d'in
nocent dans les ambitions et dans les intérêts par
ticuliers

Les prérogatives des grands y sont au comble
dans la Cour suprême on ne saurait rien imagi
ner au dela dans une monarchie, et le peuple
les voit sans jalousie, parce qu'elles sont sa sau
vegarde

La noblesse y jouit de la plus flatteuse des dis-
tinctions tous les emplois publics un peu rele
ves sont pour elle, et le peuple n'en est pas ja
loux non plus, soit parce que cette noblesse et
son privilege s'offrent a qui saura s'en rendre di
gne , soit parce que, en vertu de la liberté des

alliances entre les deux ordrés , le peuple et la noblesse ne font qu'un

Nulle espérance n'y est interdite à l'ambition , pourvu que le merite l'accompagne , et comme sous la puissante égide du monarque l'ordre et la tranquillité publique n'ont rien à redouter , il règne partout une sécurité profonde, mère des jouissances du riche, des entreprises de l'indus trie, de la circulation , du travail et de la subsis tance genérale.

Mais il a surtout un bien precieux avantage dans les conjonctures du moment c'est d'offrir aux rois et aux peuples un moyen de concilia tion pour conjurer l'horrible tempête qui les me nace, pendant qu'elle est encore suspendue Déja , d'un bout a l'autre de l'Europe, le pouvoir et la liberté sont en présence et près d'en venir aux mains S'ils ont le bon esprit de s'entendre avant que le combat soit engage, ils préserveront l'Europe de grands maux , et y fonderont une paix durable Mais le combat une fois en gage, leur exaspération croissante eloignera de plus en plus tout rapprochement , et si l'un des deux vient a l'emporter , il n'y a guère de sa gesse ni de moderation a esperer de l'orgueil na turel de la victoire Le vainqueur, quel qu'il soit , continuera d'abonder , selon toute vrai semblance , dans ses vieilles preventions et dans ses vieux préjugés, et il y abondera même d'autant plus que la lutte aura été plus longue, plus opiniâtre et plus sanglante les rois attribuant toujours les malheurs publics aux concessions faites aux peuples, et les peuples, à leur tour, aux concessions faites aux rois C'en sera fait, en un mot, du pouvoir ou de la liberté, ou, pour mieux dire, de l'un comme de l'autre . car ils ne sauraient exister isolement, ou du moins se maintenir, et la civilisation européenne, qui renfermait tant de germes de bonheur dans son sein, ira se perdre dans un torrent de calamités dont l'étendue et la durée sont incalculables

www.ingramcontent.com/pod-product-compliance
Lightning Source LLC
Chambersburg PA
CBHW050014070726
47598CB00014B/1162